ຂ້ອຍກໍ່ສາມາດເປັນພະຍາບານໄດ້

ໂດຍ: ເຄອາ ແຄຣ໌

ຮູບໂດຍ: ໂຣມູໂລ ເຣ III

Library For All Ltd.

ຮູບແຕ້ມຕົ້ນສະບັບໂດຍ ໂຣມູໂລ ເຣ III

ຂ້ອຍກໍ່ສາມາດເປັນພະຍາບານໄດ້
ເຄວາ ແຄຣົ່
ISBN: 978-9932-09-104-1
SKU00919

ຂ້ອຍກໍ່ສາມາດເປັນພະຍາບານໄດ້

ຄິນເທິ່ານີ້ແມ່ນພະຍາບານ.

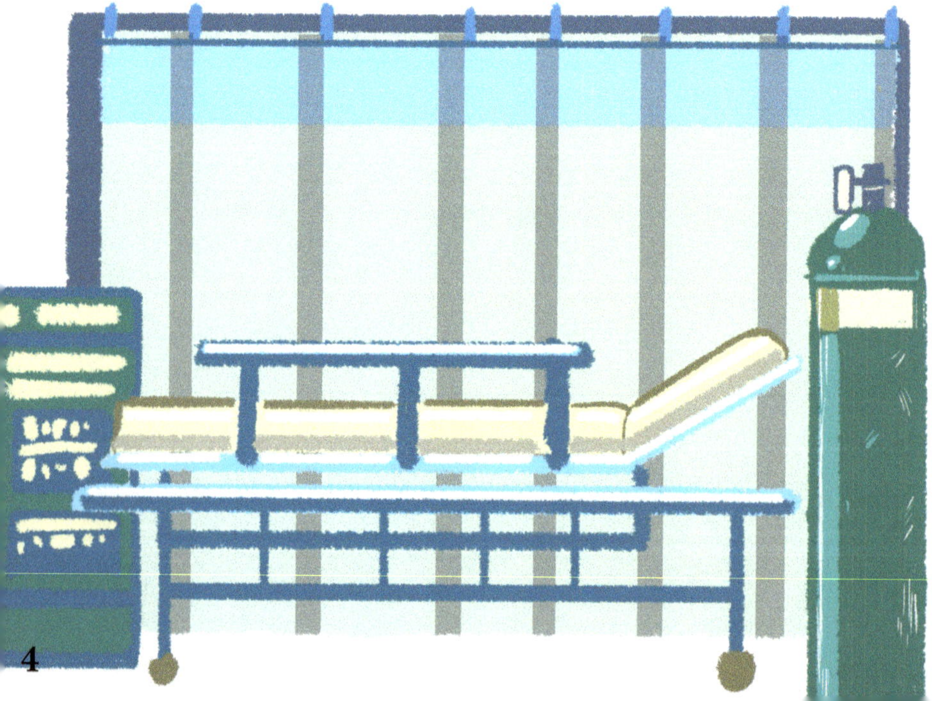

ພວກເຂົາເຮັດວຽກຢູ່ໃນໂຮງໝໍ ຫຼື ສູນບໍລິການສຸຂະພາບ.

ພະຍາບານຊ່ວຍໝັ່ນບືອຄົນເຈັບ
ເມື່ອພວກເຂົາບໍ່ສະບາຍ ຫຼື ເຈັບປ່ອຍ.

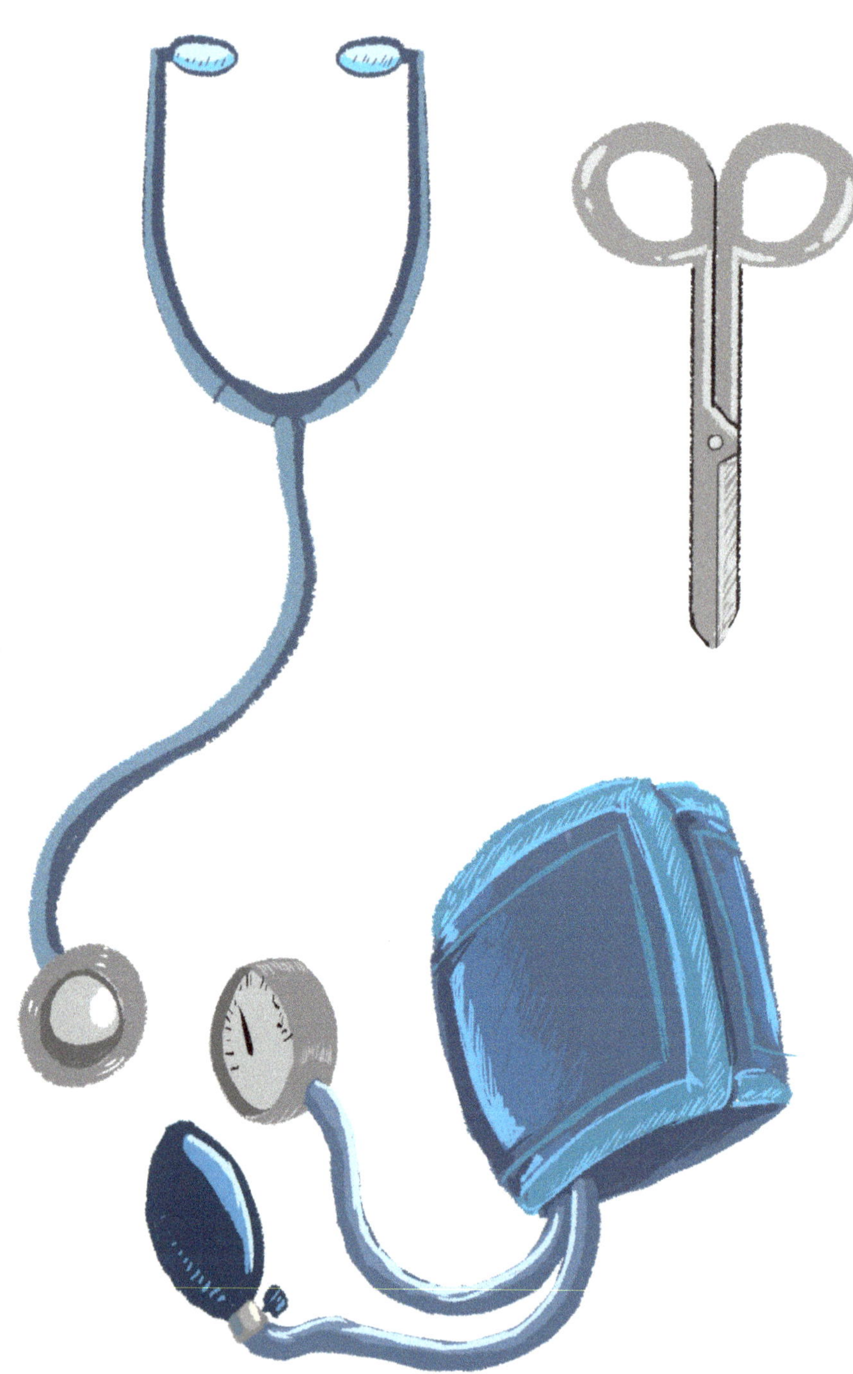

ພະຍາບານນຳໃຊ້ອຸປະກອນເຄື່ອງ
ມືແພດເພື່ອຊ່ອຍແກ້ໄຂບັນຫາ.

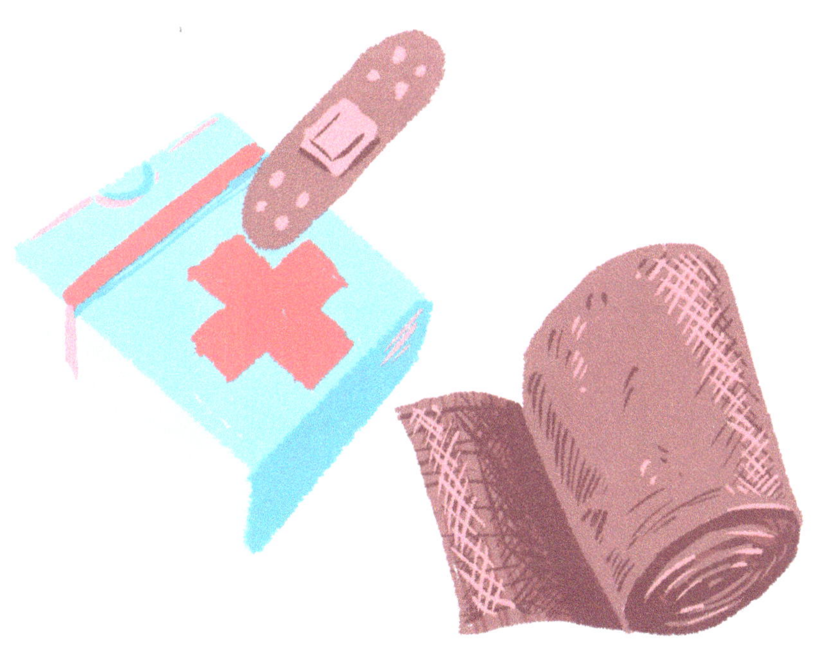

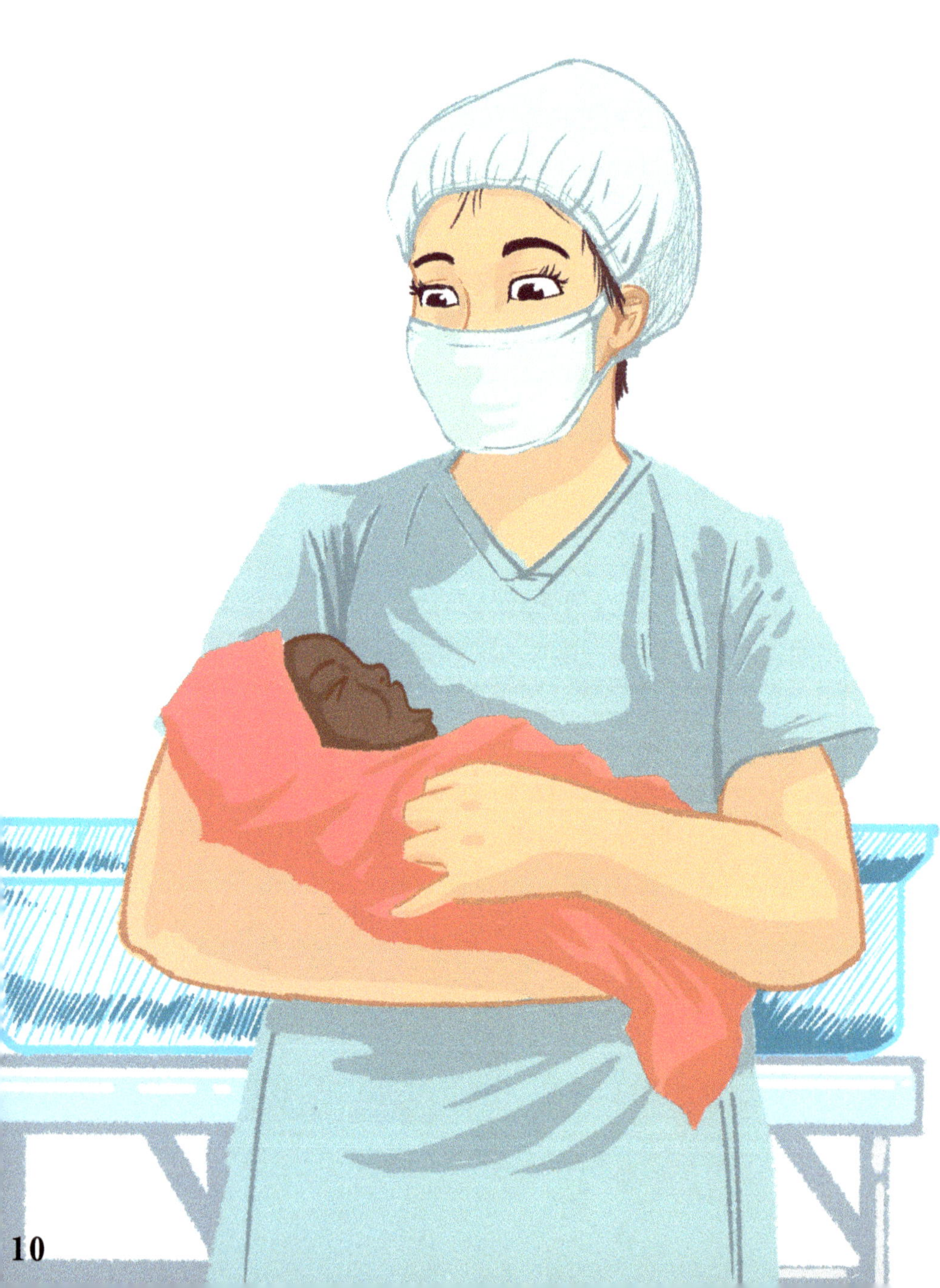

ພວກເຂົ້າສາມາດພັບແຜ ແລະ ເບິ່ງ
ແຍ່ງແອບ້ອຍເວລາທາກໍ່ເກີດໃໝ່ໆ.

ມີພະຍາບານພິເສດທີ່ຊ່ວຍໃຫ້ຢາ
ເພື່ອຮັກສາຮ່າງກາຍໃຫ້ແຂງແຮງ.

ມີພະຍາບານຍູ່ທົ່ວໂລກ.

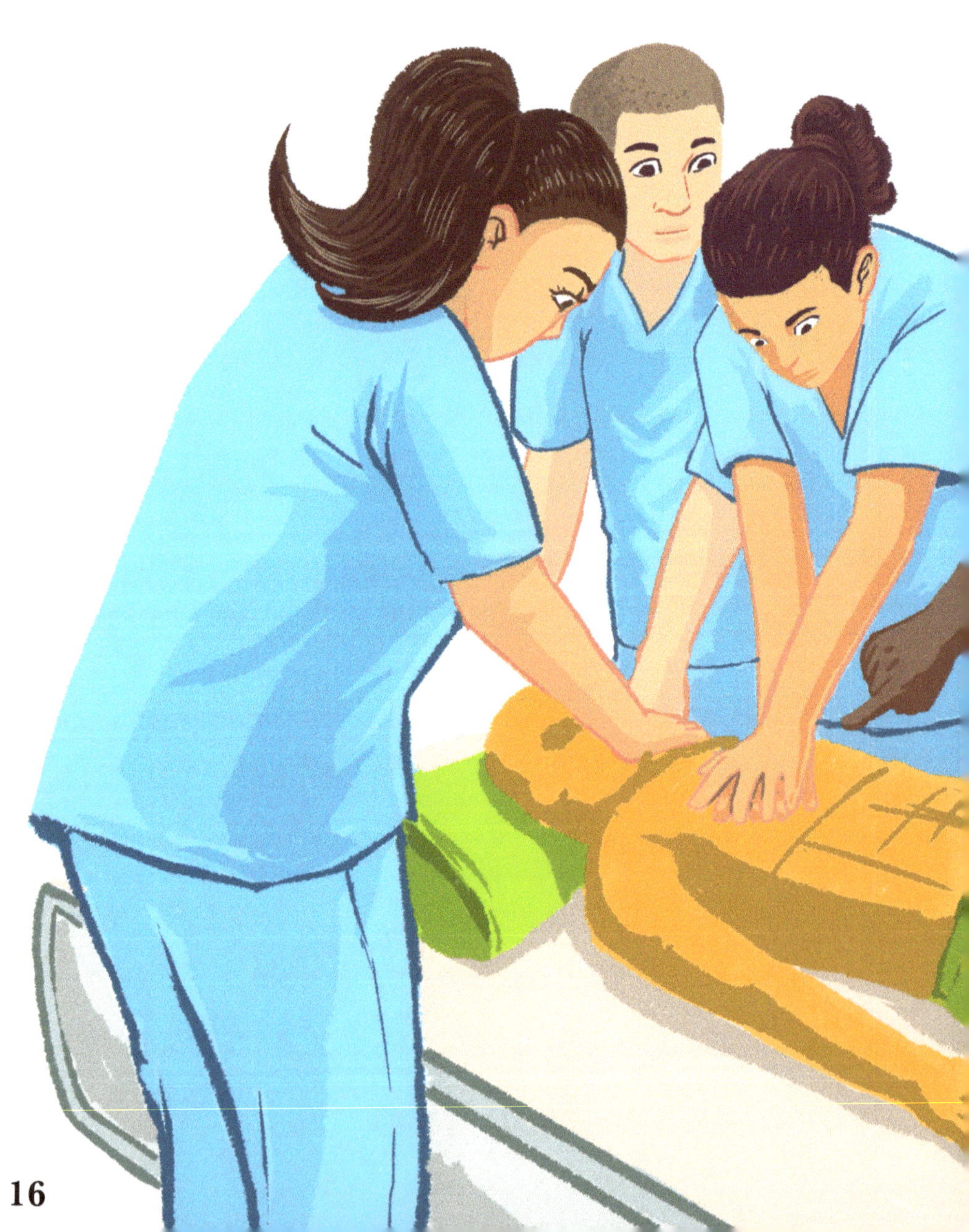

ຂ້ອຍກໍ່ສາມາດຮຽນຮູ້
ອາຊີບພະຍາບານຢູ່ທີ່
ມະຫາວິທະຍາໄລ.

ແລ້ວຂ້ອຍກໍຈະສາມາດຊ່ອຍຄັບໃບຂຸມຂັບ
ໃຫ້ມີສຸຂະພາບແຂງແຮງ ແລະ ປອດໄພ.

ຂໍ້ມູນທາງບັນນານຸກົມຂອງຫໍສະໝຸດແຫ່ງຊາດ

ເຄອາ ແຄຣີ່
    ຂ້ອຍກໍ່ສາມາດເປັນພະຍາບານໄດ້ 2 / ໂດຍ ເຄອາ ແຄຣີ່. -- ຄັ້ງທີ່2. -
ວຽງຈັນ : ມັກອານ, 2020
    28 ໜ້າ : ພາບປະກອບສີ ; 21 ຊມ
    1. ການພະຍາບານ
    2. ວັນນະກຳສຳລັບເດັກ
    I. ຊື່ເລື່ອງ
610.7 -- dc21
    ISBN 978-9932-09-104-1

ເຈົ້າສາມາດໃຊ້ຄຳຖາມດັ່ງລຸ່ມນີ້ເພື່ອ
ບທະບາດຽວກັບເລື່ອງທີ່ອ່ານກັບ ຄອບຄົວ,
ໝູ່ ແລະ ຄູອາຈານ.

ເຈົ້າໄດ້ຮຽນຮູ້ຫຍັງຈາກເລື່ອງນີ້?

ຈົ່ງອະທິບາຍເລື່ອງນີ້ ໂດຍໃຊ້ຄຳບັບຍາຍ
1ຄຳ. ຕະຫຼົກ? ຢ້ານ? ມິສິສັນ? ໜ້າສົນໃຈ?

ເມື່ອອ່ານຈົບແລ້ວ,
ເລື່ອງນີ້ໃຫ້ຄວາມຮູ້ສຶກຫຍັງແດ່?

ໃນເລື່ອງນີ້, ເຈົ້າມັກສິ່ງໃດຫຼາຍທີ່ສຸດ?

ຄາວໂລກແອັບ
getlibraryforall.org

ກ່ຽວກັບຜູ້ປະກອບສ່ວນ

Library For All ເຮັດວຽກຮ່ວມມືກັບນັກຂຽນ ແລະ ນັກແຕ້ມ ທົ່ວ ໂລກເພື່ອສ້າງເລື່ອງທີ່ຫຼາກຫຼາຍ, ມີຄຸນນະພາບສູງໃຫ້ກັບຜູ້ ອ່ານໂຕນ້ອຍ. ທຸກຄົນສາມາດເຂົ້າໄປ ເວັບໄຊ libraryforall.org ເພື່ອຮຽນຮູ້ຂ່າວຫຼ້າສຸດ ກ່ຽວກັບກິດຈະກຳຝຶກອົບຮົມນັກຂຽນ, ຄູ່ມືຕ່າງໆ ແລະ ໂອກາດສ້າງສັນອື່ນໆ.

ປື້ມທໍ່ອນີ້ມ່ອນບໍ່?

ພວກເຮົາມີປື້ມຫຼາຍຮ້ອຍຫົວໃຫ້ເລືອກອ່ານ.

ພວກເຮົາຮ່ວມມືກັບນັກຊຽນ, ຊ່ຽງຊານດ້ານການສຶກສາ,
ທີ່ປຶກສາທາງດ້ານວັດທະນະທຳ, ລັດຖະບານ ແລະ
ອົງກອນທີ່ບໍ່ຂຶ້ນກັບລັດຖະບານ ເພື່ອນຳຄວາມເພີດເພີນ ໃນການ
ອ່ານໃຫ້ກັບເດັກນ້ອຍທົ່ວທຸກແຫ່ງ.

ຮູ້ບໍ່?

ພວກເຮົາສ້າງການປ່ຽນແປງທີ່ດີໃຫຍ່ຂອງເຂດນີ້ ໂດຍປະຕິບັດ ເປົ້າໝາຍ
ການພັດທະນາແບບຍືນຍົງຂອງສະຫະປະຊາຊາດ.

libraryforall.org